MOISÉS

UN MODELO DE LIDERAZGO

Carlos Peirone

Ediciones Crecimiento Cristiano

Diseño de la tapa: Ruth Santacruz

© **Ediciones Crecimiento Cristiano**
Casilla 3
5903 Villa Nueva, Cba.
Argentina
oficina@edicionescc.com
www.edicionescc.com

Ediciones Crecimiento Cristiano es una Asociación Civil
sin fines de lucro dedicada a la enseñanza del
mensaje evangélico por medio de la literatura.

Primera edición:

ISBN 10: 987-1219-08-3
ISNB 13: 978-987-1219-08-7

Impreso en los talleres de Ediciones Crecimiento Cristiano,
Villa Nueva, Diciembre 2006

IMPRESO EN ARGENTINA

INTRODUCCIÓN

L a vida de Moisés es atrapante. La Biblia le dedica muchas páginas a sus hechos y palabras. Su obra fue magnífica como también su persona. En este estudio trataremos de acercarnos a este hombre de Dios para conocerlo, aprender de él y, en lo posible, imitarlo.

Temas:

1
SU VIDA: SU CARÁCTER, SU LLAMADO Y SU MISIÓN

A veces los personajes del Antiguo Testamento casi parecen mitos, irreales. Es que olvidamos que Moisés, por ejemplo, una vez fue un niño, jugaba como niño, aprendía como joven, se casó, tuvo sus luchas personales. Veamos un poco sobre la persona de Moisés, que murió en el año 1200 a.C.

Su vida:

Hijo de Amram y Jocabed (Éxodo 6:20), hermano de Aaron y María, se caso con Sefora con quien tuvo dos hijos: Gerson y Eliézer (Ex. 2:22 y 18:3 - 4). Su vida transcurre en aproximadamente tres etapas: 40 años viviendo en la corte egipcia, 40 años viviendo en el desierto, y 40 años liberando y liderando a su pueblo.

Su carácter:

Números 12:3 y 7 nos hablan del carácter de Moisés. Se lo describe como manso y humilde, fiel y siervo.

1 *Procuremos investigar sobre el significado de cada una de estas palabras. Otras versiones de la Biblia, un diccionario, un comentario bíblico, una concordancia pueden ayudarnos a entender el contenido de estas palabras.*
⇨ Manso

⇨ Humilde

⇨ Fiel

⇨ Siervo

Leamos Éxodo 4:10 y 16:15. Se dice de él que fue el hombre más humilde del mundo, que se sentía limitado, medio tartamudo y de baja autoestima.

2 *Pensemos en nosotros, en como nos definiríamos. ¿Qué características tiene nuestra persona? Puede ser un buen ejercicio tratar de conocernos y compartirlo con el grupo.*

3 *Busquemos en los textos que siguen otras características de Moisés:*
⇨ Deuteronomio 34:10-12

⇨ Josué 1:1

⇨ Deuteronomio 33:1

⇨ Números 12:7

4 *¿Nos podemos identificar con estas características de Moisés? ¿Qué tenemos y qué nos falta?*

Su llamado y su misión:

En Éxodo 3:1-9, Dios lo llama en la zarza ardiendo y le dice "ponte en camino, que te voy a enviar para que saques...". Éxodo 3:4, 11 y 15; 4:1 hablan del llamado a libertar al pueblo: "Así dirás..." le dijo Dios y él fue obediente. Fue llamado a ejercer el gobierno (usar el poder) y a ser el libertador de un pueblo en formación (Hechos 7:35).

5 *Tratemos ahora de pensar a qué nos llama Dios en este tiempo de nuestras vidas. ¿Qué pretenderá Dios que hagamos con lo que somos y tenemos?*

6 *¿Qué misión querrá Dios encomendarnos? Tomemos un tiempo para orar y meditar en esto, y, como es algo muy personal, podemos o no compartirlo con el grupo.*

Dios llama a todos a servirle. A servirle a Él y a servir al hombre. Nos podrá llamar a distintas actividades para ser sal y luz donde nos encontremos.

"Hay diversidad de llamamientos cristianos y cada cristiano ha de ser fiel a su propio llamado." [1]

---

1 *La misión cristiana hoy*, John Stott, Ediciones Certeza, 1990, página 39.

2
SUS MIEDOS

Aunque Moisés tuvo una preparación excepcional y se destacó como líder, también era un ser humano como nosotros con sus debilidades y fallas.

1 *Cuando Dios lo llamó a Moisés, éste presentó excusas, inconvenientes, problemas para realizar la tarea que Dios le ofrecía. Vamos a tratar de descubrirlos.*

⇨ ¿Qué dijo en Éxodo 3:11?

⇨ ¿Qué dijo en Éxodo 4:1?

⇨ ¿Y en Éxodo 4:10?

⇨ ¿Qué pidió en Éxodo 4:13?

⇨ Lea Éxodo 3:11. ¿Qué manifiesta?

⇨ Y en Éxodo 17:4, ¿qué pide?

2 *Tratemos ahora de identificar nuestros miedos ante los desafíos que Dios nos presenta. ¿Qué decimos generalmente cuando se nos ofrece una nueva posibilidad de servir?*

3 *¿Serán excusas reales o imaginarias? Fundamentemos nuestra respuesta.*

4 *Cuando se nos presenta un posible servicio,*
   ⇨ ¿esto significa que a toda propuesta buena haya que decirle que sí?

⇨ ¿Cómo hacer para distinguir entre las múltiples oPortunidades de servicio?

⇨ ¿A cuál nos llama Dios?

5 *¿Cómo discernir entre las ocupaciones urgentes y las importantes?*

No es fácil distinguir entre nuestros propios deseos por hacer algo y lo que es la voluntad de Dios. Algunas pautas que sugerimos son las siguientes:
Tomemos un tiempo para lo siguiente :

- ✓ *Orar*: Expresar nuestros deseos en oración.
- ✓ *Hablar* con otros hermanos y buscar consejos.
- ✓ *Pensar: Usemos nuestra mente, pongamos en la balanza los pro y los contra del proyecto.*
- ✓ *Esperar: Recordemos que las muchas prisas producen errores.*
- ✓ *Ceder* y no insistir en una decisión cuando todo indica lo contrario.

6 *¿Cómo ha sido nuestra experiencia? ¿Qué otros consejos podemos dar?*

Moisés fue un hombre grande, pero tuvo miedos y flaquezas como nosotros. No fue un "Superman", luchó con sus debilidades y Dios le ayudó con su presencia divina (Éxodo 3:12 y 4:2), y le dio autoridad (Éxodo 3:13) y cooperación humana por medio de su hermano Aarón (Éxodo 4:14-16). Así también Dios nos ayuda a nosotros a vencer nuestros miedos. Jesús es quien nos dice "¡No tengan miedo! Yo estoy con ustedes hasta el fin del mundo".

Dios nos enseña que en el amor no hay temor y que el perfecto amor echa fuera el temor.

Coraje

El verdadero coraje no es la ausencia de temor, sino que es permanecer haciendo lo que Dios quiere aun cuando estemos asustados, pertubados o lastimados. Se requiere coraje para seguir adelante a pesar del miedo.

Comparto con ustedes un cuento.

Los ratones valientes

Un viejo gato tenía la costumbre de pillar a todos los ratones del granero.

Un día los ratones se reunieron para hablar de los estragos que causaba el gato. Cada cual expuso un plan para quitarlo de en medio.

—Haced lo que digo —propuso un viejo ratón gris, a quien consideraban muy sabio— Colgad un cascabel del cuello del gato. Cuando lo oigamos sonar, sabremos que se acerca y echaremos a correr.

—Bien, bien —dijeron los demás ratones y uno corrió a buscar el cascabel.

—¿Y ahora quién le pone el cascabel al gato? —preguntó el viejo ratón gris.

—¡Yo no, yo no! —dijeron los ratones al uniso. Y todos se metieron en sus agujeros. [2]

7 *¿Qué aprendemos de este cuento?*

Se necesita coraje para transitar un camino nuevo, para buscar la tierra prometida.

El siguiente poema es de Edgar Guest y viene de la página 393 de *El Libro de las virtudes*.

Las cosas que no se han hecho antes

Las cosas que no se han hecho antes
son las cosas que se deben intentar.
Colón soñó con una costa ignota
en la linde del lejano horizonte,
y su corazón era valiente y su fe firme
cuando se aventuró en peligros nuevos
sin prestar atención a la burlona turba
ni al temor de los recelosos tripulantes.

---

2   Texto de Esopo "Los ratones valientes", tomado de *El libro de las virtudes* de William Bennett, Editorial Vergara Editores, 1995, Buenos Aires, página 369.

Muchos siguen sendas trajinadas
que presentan señales que los guían.
Viven, y por siglos han vivido,
con un mapa para cada día.
Alguien les ha dicho que es seguro
viajar por el camino recorrido,
y ellos ansían conocer tan sólo
aquellas cosas que ya se conocían.

Unos pocos se internan, sin un mapa,
allí donde nunca ha estado un hombre;
se apartan de las sendas trajinadas
para ver lo que ningún hombre ha visto.
A solas realizan sus hazañas;
maltrechos, magullados, doloridos,
preparan el camino para muchos,
que nada hacen que ya no se haya hecho.

Las cosas que no se han hecho antes
son las tareas dignas de hoy en día.
¿Perteneces al rebaño que obedece,
o prefieres encabezar la marcha?
¿Serás un pusilánime que tiembla
por las burlas de tripulantes recelosos,
o saldrás, a riesgo del fracaso,
a buscar una meta que sea nueva?

8 ¿Qué nos dice esta poesía? ¿A qué nos desafía?

3
SU RELACIÓN CON DIOS

Veremos ahora, en distintos textos, el tipo de relación personal que Moisés desarrolló con Dios. Esto nos servirá para cultivar nuestra propia relación con Dios y mejorarla.

1 *¿Qué nos dice Éxodo 24:2?*

2 *¿Y Josué 1:17 y 3:7?*

3 *Observemos también*
   ⇨ Éxodo 8:5

⇨ Éxodo 9:13

⇨ Éxodo 17:5 y 6

⇨ Éxodo 33:9

⇨ Éxodo 33:11, 12 y 17

⇨ Éxodo 17:4

4 *Consideremos también como Dios se dirige a Moisés en Números 21:34 y 35.*

5 Hoy tenemos libre acceso a Dios y podemos acercarnos con confianza al trono de nuestro Padre amoroso, para que Él nos ayude en nuestra hora de necesidad. Leamos esto en Hebreos 4:16 y Hebreos 10:22.
⇨ ¿Nos acercamos al Señor? ¿Cómo lo hacemos y cuándo?

⇨ Según este pasaje de Hebreos 10:22-26, ¿qué recomendaciones nos da para acercarnos a Dios?

Quisiera, a continuación, tomar prestados algunos de los aportes de Ricardo Barbosa de Sousa[3] en relación a este tema. Dice este autor que atentan contra el cultivo de una relación profunda con

---

3 *Cuida tu corazón*, Editorial Kairós, Buenos Aires, 2005

Dios los siguientes factores que nos rodean enla sociedad y que llegan a penetrar también en la iglesia:

El individualismo. Pensar sólo en el interés propio, el aislamiento en los afectos. Atenta contra el querer cultivar una relación con Dios que sea afectiva, íntima y personal.

El activismo. También nos aliena de las relaciones personales al crear un mundo en el cual el hacer determina el significado del ser, no permitiendo un encuentro con nuestra alma y con Dios. No fuimos llamados para "hacer algo" sino para "ser alguien": hijos de Dios, parte de su pueblo y de su iglesia. El hacer viene después, como una consecuencia de lo que somos, como una respuesta de amor a tanto amor mostrado primero por Dios.

El utilitarismo. Cuando Satanás atacó a Job, lo hizo porque creía que el ser humano siempre se acerca a Dios por las ventajas que esa relación le proporciona. Así, un tercer elemento es el utilitarismo, que no nos deja cultivar una relación con Dios y con el prójimo que sea verdaderamente gEnuina. "Te busco por algo, porque me sos útil".

6 *Pensemos ahora en nosotros. ¿Con qué actitud nos acercamos a Dios?*
¿Qué nos mueve?

Propongámonos, hoy mismo, buscar a Dios y adorarlo sin ninguna expectativa de recompensa. Sin buscar dividendos, sin intereses mezquinos y egoístas. Simplemente porque Dios es Dios, y no por sus beneficios. Se trata de buscar a Dios, no de hacer negocios.

Cómo tratamos a los demás es un indicativo de cómo tratamos a Dios. Si manipulamos a los demás, haremos lo mismo con Dios. Si utilizamos a las personas, también tendremos una relación utilitaria con Dios. No hay manera de establecer una relación con Dios desvinculada de las relaciones humanas. El cuidado del enfermo, del preso, del forastero, del pobre, del hambriento y del desnudo, es un cuidado que se dirige al Señor mismo. A través de nuestros hermanos expresamos nuestros afectos hacia Dios.

7 *Consideremos ahora el pasaje de Mateo 25: 39-40. ¿Reconocemos el rostro de Cristo en el rostro del enfermo y del necesitado? Pensemos en situaciones concretas en las que nos haya pasado algo así y que podamos compartir con el grupo.*

Moisés pasó la mayor parte de su vida viviendo en el desierto, casi 80 años de los 120 que vivió. Conoció el desierto y allí se nutrió su relación con Dios. Al desierto se lo define como una actitud, como una postura delante de Dios y de nosotros mismos. Es una disposición para el encuentro a solas con Dios y con nosotros mismos. Sin ídolos, como pueden ser el trabajo, la familia, la iglesia, el dinero, el poder, el sexo, la fama, etc.

Dice Bonhoeffer en su libro *Vida en comunidad* que necesitamos de la soledad y también de la comunidad. Un tiempo para cada cosa. En la soledad encontramos el silencio, en la comunidad encontramos la palabra. La palabra recta nace del silencio y el silencio recto nace de la palabra. Callar es estar a la espera de la Palabra de Dios y, en una época de mucho palabrerío, esto es difícil. Buscar en el silencio escuchar a Dios, humildemente. Silencio para meditar, para orar, para estudiar la Palabra.

Necesitamos así, en la soledad, conocer a Dios y conocernos a nosotros mismos, buscar la santificación y una comunión íntima con el creador. El desierto es espera, silencio y encuentro. Exige disciplina y pone las cosas en su justo lugar. Es apartarnos a nuestro cuarto, retirarnos de las actividades diarias para estar con Dios, para oírlo, para hablarle. Dice el Salmo 46:10: "Estad quietos y conoced que yo soy Dios".

Para encontrar este espacio, este desierto, tendremos que luchar contra lo siguiente:

El pragmatismo que busca el sentido práctico y productivo de todo. Hoy vale sólo lo útil. Así nuestras relaciones son también utilitarias.

El ruido. Sin silencio, sin tiempo, sin búsqueda y sin quietud no podemos escuchar a Dios. El ajetreo moderno nos aturde. Se valora el ritmo y la producción. No se valora la oración ni la meditación ni la contemplación.

El consumismo que valora el tener antes que el ser. El poseer sin límites y sin contentamiento. Dios nos propone estar contentos, satisfechos con lo que tenemos, pues en Él lo tenemos todo (Fil. 4:12-13 y 19). En el desierto hay poco que comprar, sería lo contrario al centro de compras, sería ir en sentido contrario al "complejo de manada" que tenemos es decir, ir para donde van todos.

8 *Pero, ¿cómo podemos encontrar ese tiempo de soledad si tenemos tantos obstáculos?*

Nuestra relación con Dios requiere algo de nosotros: acciones, voluntad, hechos, relaciones con otros. Nuestra relación con Dios tiene que ver con el mundo que nos rodea. No es cosa nuestra y de Dios, y nada más. Implica una relación con el mundo, con los otros.

4
SU MANERA DE LIDERAR

Moisés comienza la tarea de liderar a su pueblo a una edad madura. Según Éxodo 7:7 tenía unos 80 años cuando fue llamado a libertar a su pueblo. Veremos aquí algunos textos que nos hablan de su trabajo y su manera de conducir al grupo. También trataremos de aprender algo acerca de cómo nosotros podemos liderar.

1 *¿Qué concepto tenía de Moisés la gente de su tiempo? Y en la corte egipcia, ¿qué pensaban de él, según Éxodo 11:3?*

Pensemos en nosotros también. ¿De qué concepto gozamos en nuestra familia, barrio, trabajo, club, escuela, etc.? ¿Cómo se refiere la gente cuando habla de nosotros?

2 *Escribámoslo tratando de ser lo más objetivos posible. Si no lo sabemos, preguntemos a quienes nos conocen. Tratemos de conocernos, es un excelente ejercicio.*

3 El pasaje de Exodo 17:11 nos dice algo acerca de Moisés. ¿Qué significa esto de que los brazos en alto definían la batalla?

El liderazgo de Moisés es significativo. Creó instituciones civiles y religiosas para la nación naciente y para organizar un estado teocrático. Organizó el culto instituyendo un santuario central y único, un sacerdocio (a cargo de la tribu de los levitas) con sacrificios (Números 3:10). Moisés se presenta como un hombre de Estado, celado por sus familiares y su tribu. Fue el intercesor entre el pueblo y Dios (Éxodo 11:2), el intérprete o intermediario (Deuteronomio 5:1 y 5), actuando como un tipo de Jesucristo. No hubo profeta como él. Es el gran libertador.

Características de un buen liderazgo

→ **1- Visión**

Necesitamos ser soñadores y visionarios como lo fue Moisés. Esto consiste en fijarnos metas, tener una estrategia, ver algo que se pueda hacer. Una visión es el acto de ver, percibir, intuir y predecir. Moisés estaba disconforme con lo que le pasaba a su pueblo. Indignado con la realidad, buscó una alternativa compasiva frente al dolor ajeno. La apatía es aceptar lo inaceptable. Moisés pasó del enojo a la acción e, indignado, se puso en marcha para liberar a su pueblo.

¿Quién de nosotros soñará con un mundo mejor, alternativo y más justo? ¿Quién descubrirá nuevas sendas por dónde andar?

➜ 2 -Trabajo duro

El soñador debe transformarse en pensador, planificador y realizador. Esto implica trabajo duro; sumar a la visión, la acción; inspiración más transpiración. Moisés primero soñó, y luego organizó y condujo al pueblo. Sumó a la imaginación el trabajo, a la pasión la realidad. Sino, a los sueños se los lleva el viento.

Veamos algunos puntos para tener en cuenta para trabajar mejor.

A - Examinar la situación.

Ante una tarea nueva por delante conviene examinar el terreno, para saber lo que haremos, para no desperdiciar energías, para evitar situaciones conflictivas.

Moisés conocía el terreno por el cual caminaría. Vivió en el desierto 40 años. Conocía los secretos, los peligros y las oportunidades que tendría.

Si tenemos un "terreno" en el cual pretendemos trabajar, debemos conocerlo.

4 *¿Nos hemos dedicado a observar nuestro "terreno", averiguar, mirar y escuchar? Comentemos.*

Por no hacerlo, se cometen muchos errores. Estudiar "el terreno" para no trabajar desde la ignorancia. De eso se trata.

B - Preveer y planificar.

Se trata de pensar con anticipación en las tareas que tendremos que enfrentar. Calcular para no improvisar. Planear para no andar de un lado para el otro. Esto requiere esfuerzo y aplicación antes de largarnos a la acción.

5 *Hagamos una evaluación ahora de la manera en que trabajamos. ¿Cuánto se planifica y cuánto se improvisa en nuestros proyectos?*

C - Motivar a otros

Consiste en entusiasmar a otros a realizar una tarea. Animar, dar esperanzas, sin dejar de ser francos, ni engañar con falsas espectativas. Ver la realidad, pero también cómo puede transformarse si otros se involucran y ayudan.

Dios es "el gran motivador". A un grupo de esclavos los invitó a formar su pueblo. Quiso que crecieran y formaran una gran nación. Lo mismo pretende que hagamos nosotros con otros. Ayudar a que la gente se desarrolle, se potencien y crezca.

6 *Pensemos en alguien a quien podamos motivar y hagamos el firme propósito de lLevarlo a cabo en la semana. Luego compartamos con el grupo cómo nos fue en la tarea.*

→ 3- Perseverancia

Perseverar ante la oposición es clave, pues siempre vendrá. Tener calma ante los reveses, tenacidad ante la fatiga y el desánimo. Moisés sufrió oposición, golpes de Estado, motines, murmuraciones, soledad, abandono. Pero mantuvo su fe y siguió la carrera.

➜ 4- Servicio

El llamado es a ser siervos y no jefes, esclavos y no amos, a ser líderes-siervos: amorosos, ejemplares, que persuadan y no coaccionen. El peligro del líder es el orgullo. Las personas son más importantes que los programas y proyectos, y no deben ser manipuladas ni usadas.

Servir en equipo es más sano que servir solos, porque nos complementamos y se compensan las debilidades. Juntos nos animamos mutuamente.

Trabajar en equipo no es fácil, pero es posible. Moisés formó un equipo de jueces a quienes les enseñó a juzgar y les delegó la tarea. Los preparó y los dejo actuar. Les enseño la tarea, les mostró cómo era el trabajo, para luego dejarlos hacer. Moisés ganó "tiempo" y recuperó fuerzas. Otros se involucraron en el bienestar de su pueblo y todos ganaron.

➜ 5- Disciplina

Se necesita disciplina para buscar el rostro de Dios y allí obtener fortaleza. No debemos creer demasiado en las propias fuerzas.

7 *Terminemos estas características preguntándole a Dios en silencio y oración*:

⇨ Señor, ¿qué tengo que te pueda ofrecer? ¿Qué me faltaría mejorar para poder liderar a otros?

⇨ Señor, ¿qué quieres que haga?

5
LOS PROBLEMAS DE SU LIDERAZGO

El liderazgo de Moisés no fue fácil. No fue un líder populista, llevado en andas por su pueblo. Tuvo que lidiar con adversarios y pruebas, demostrando que Dios es quien le daba la autoridad y lo sostenía en el poder que ejercía.

Tuvo que lidiar con un pueblo en formación, con un grupo de esclavos que se manifestaban en su contra. Descubramos estas rebeliones según los siguientes pasajes.

1 En Éxodo 15:24, *¿qué hace el pueblo?*

2 En Éxodo 16:2-3, *¿cómo se sentía el pueblo?*

3 En Éxodo 17:2-3, *¿qué manifiesta?*

4 En Números.16:41-50, *leemos sobre una rebelión. Consideremos cómo actuó Dios con los rebeldes.*

5 En Éxodo 16:19-30, *vemos un ejemplo del no acatamiento a las normas dictadas.*
⇨ ¿Cómo hubiera actuado usted en el lugar de Moisés?

⇨ Y si fuera pueblo, ¿lo hubiera hecho?

6 En Éxodo 18:17-27 *vemos otro de los problemas que tienen algunos lideres.*
⇨ Analicemos el problema y estudiemos la solución aportada.

⇨ ¿Qué principio podemos aprender de la opinión de Jetro?

⇨ ¿Cómo reacciona Moisés ante los dichos de su suegro?

⇨ ¿Cómo reaccionamos nosotros ante los "Jetros" que vienen a sugerirnos cambios en nuestra manera de hacer las cosas?

→ Delegar [4]

Dice Chua Wee Hian que "los trabajadores sabios siempre delegan para que más personas puedan participar en la obra de Dios".

Moisés estuvo al borde de desplomarse por agotamiento nervioso por no saber delegar tareas. Jetro lo rescató al enseñarle a usar mejor el tiempo y las energías disponibles. Una delegación

---

4   Ideas tomadas del libro *Liderazgo y servicio*, Editorial Andamnio, 1993, capítulo "Trabajando juntos" de Chua Wee Hian, pp. 51-62.

efectivA ayudaría a todo el pueblo a progresar y, a la vez, libraría a Moisés para poder pensar y planificar los pasos a dar en el futuro.

Este autor que estamos citando nos dice que no delegamos por las razones siguientes:

- ✓ tememos que otros no puedan hacer el trabajO tan bien como nosotros.
- ✓ tememos perder el control. Esto se cura aprendiendo a confiar en otros, dejando hacer a los otros y también supervisando las tareas encomendadas.

7 *¿Son estas nuestras razones? ¿Hay otras? Comentemos.*

8 Números 11:10-15 *es un pasaje para leer con detenimiento.*
   ➪ ¿Qué pretendía el pueblo de Moisés?

   ➪ ¿Cómo se siente Moisés con su pueblo?

Moisés ora a Jehová intercediendo por su pueblo que se quejaba de Dios. Extrañaba Egipto, pedía comida, pedía volver. Moisés le pregunta a Dios qué hacer. Llevar a este pueblo le resulta una carga pesada y recurre a Dios. Ellos extrañan los pepinos, melones, puerros, cebollas y ajos de Egipto. Pero se olvidan del trabajo duro de hacer ladrillos.

9 *¿Es la mala memoria una característica también de nosotros hoy? ¿Nos quejamos del presente y nos olvidamos del pasado como ellos? Consideremos cómo es nuestra actitud. ¿De dónde nos sacó Dios, dónde estamos y cómo somos de agradecidos?*

El desánimo

Uno de los problemas que tienen los líderes, y que tuvo Moisés, es el desánimo. Las críticas, las decisiones difíciles, el poco tiempo en familia, las desilusiones, la soledad, las tentaciones. Todo esto puede provocar desánimo, perder la visión y el entusiasmo. A Moisés le ocurrió lo mismo y quería morirse.

9 *Leamos a Pablo para animarnos, en 2 Corintios 4:14-16. ¿Qué nos dice y a qué nos exhorta?*

Frente a los problemas, nosotros, como Moisés, debemos orar, seguir adelante con nuestra obra y mantener firme la visión y la meta.

Nunca nada sale a "pedir de boca", siempre habrá obstáculos que sortear. Enemigos internos y externos, mentiras y rumores. Debemos aprender a defender nuestro trabajo para poder cumplir la tarea que Dios nos ha encomendado.

6

SU OBRA

A unque la Biblia no nos habla de los tiempos en que Moisés dedicó a escribir, lo hizo y no en las mejores condiciones (en el desierto, sin computadora) dejandonos una riqueza enorme de datos históricos y culturales de su pueblo. Veamos algunos ejemplos.

La ley

Entendemos que la gran obra de Moisés que dejó al pueblo fue la ley.

1 *¿Qué significaba para el pueblo obedecer la ley de Moisés según Deuteronomio 32:46 y 47 y Hechos 7:38?*

⇨ ¿Y el desobedecerla?

Esta ley descansó sobre la base del decálogo (Deuteronomio 5:1 y los versículos siguientes). Debía leerse cada siete años íntegramente, para que el pueblo la recordase y temiera a Dios guardando sus mandamientos.

2 *Leamos los siguientes textos buscando descubrir lo que significaba esta ley mosaica:*

⇨ Éxodo 34:27

⇨ 1 Reyes 8:9

⇨ 1 Crónicas 22:13

⇨ Malaquías 4:4

⇨ Juan 7:19

Sus escritos:

3 Moisés fue un escritor prolífico. Investiguemos acerca de los distintos géneros literarios en los que incursionó.

⇨ Según Éxodo 17:14

⇨ Según Deuteronomio 31:24

⇨ Según Éxodo 15:1-18

⇨ Según Deuteronomio 31:30

⇨ Según Deuteronomio 33

El Pentateuco fue de su autoría, y abarca los libros de Génesis, Éxodo, Levítico, Números y Deuteronomio, los 5 primeros libros de la Biblia.

Detengámonos en la lectura del Salmo 90, el único salmo escrito por Moisés que registramos. Era un salmo que se leía diariamente en el desierto, en las tiendas.

4 *Meditemos en el mismo y escribamos un comentario sobre lo que nos dice a nosotros este salmo. Escribamos lo que descubrimos, lo que rescatamos, lo que nos hace bien.*

5 *Ahora veamos que dice Moisés en este Salmo 90 sobre lo siguiente:*
⇨ las características de Dios:

⇨ el hombre y su vida en la tierra:

⇨ ¿Cuáles son las peticiones que Moisés le hace a Dios?

⇨ ¿Pueden ser las nuestras? ¿Qué implica vivir "contando bien nuestros días"?

7
SU FINAL

Pocos hombres han tenido una vida tan variada y llena de desafíos como la de Moisés. Hemos visto algo de su vida y misión, pero también aprendemos mucho de una persona cuando vemos la manera en que deja la vida.

La entrega del mando

Estamos llegando al final de la vida del líder Moisés. Tiene que dejar su lugar a otro, delegar sus actividades al hombre que Dios le indica.

1 *Leamos Números 27:15-23. ¿Cómo actúa Moisés en esta ocasión?*

2 *¿Cómo actúan nuestros líderes políticos cuando deben entregar el poder? Analicemos la realidad que vivimos.*

3 ¿Cómo actuamos nosotros cuando debemos entregar el poder? ¿Qué aprendemos de Moisés?

El uso del poder

El manejo del poder es peligroso. Y cuando está al servicio de la religión es completamente diabólico, puede destruir como ningún otro.

El poder creador es espiritual, se motiva en el amor, es humilde, sumiso y vulnerable, es capaz de guiar y liberar.

Jesús nos enseñó que el servicio es poder. Él tomó la toalla y nos invita a hacer lo mismo.

4 Leamos Deuteronomio 31:8. ¿Qué le desea Moisés a su sucesor? Busquemos en un diccionario los términos para comprenderlos mejor.

5 Ahora leamos Josué 1:5-9. ¿Cómo actúa Dios para con Josué, el sucesor temeroso?

Josué conocía de cómo Dios lo había acompañado a Moisés, así que esta promesa debe haber sido muy significativa para él. Josué se apoya en Moisés, aunque éste ya no estuviera liderando. Su autoridad seguía estando presente en el pueblo y ahora él la encarnaba.

6 *Veamos también Deuteronomio 33. Es una despedida. ¿Qué le desea Moisés a su pueblo y a cada tribu?*

Es admirable como es capaz Moisés de ceder su lugar cuando Dios se lo ordena y anima a Josué en la tarea que tiene por delante. Lo bendice poniendo sus manos sobre él. Dice el comentario que no promovió a sus hijos ni a sus amigos de tribu, sino que obedeció a Dios y no a sus apetencias personales y familiares. Fue capaz de dejar su cargo a otro y reposar, contemplando la tierra desde lejos.

Su muerte

Deuteronomio 31:14 y 34:5-7 nos hablan de su muerte. Dicen que llegó a ser un anciano gozando de buena vista, fuerzas y buena salud.

7 *Luego de su muerte, ¿Cómo se seguia refiriendo Dios acerca de Moises según Jeremías 15:1?*

8 *Y el autor de Hebreos 3:2, ¿qué dice de él?*

9 *Pensemos en nuestro propio funeral. ¿Qué dirá la gente de nosotros? ¿Y Dios, qué opinará de nosotros?*

Dice una tradición que Dios se encargó de que la sepultura de Moisés fuera un secreto, una incógnita, evitando de esta manera que se lo idolatrara, pues se desconoce el lugar donde fue enterrado (Deuteronomio 34:6).

En el Nuevo Testamento aparece nuevamente Moisés. Observemos en qué ocasión tan particular lo encontramos en Mateo 17:3-4.

10 *¿Qué nos dice el pasaje del lugar que ocupa Moisés en este evento?*

11 *Y Jesús, cuando habla de él en Marcos 10:3, ¿de qué manera lo hace? ¿Qué nos está diciendo Jesús en esta frase?*

CONCLUSIONES

1 - La vida de Moisés es otra confirmación de las palabras de Pablo: "...todas las cosas nos ayudan a bien..." (Romanos 8:28). Esta es una promesa para todos los que aman a Dios. El nacimiento de Moisés, su vida en el palacio del faraón (Hechos 7:22), sus padecimientos en el desierto se explican luego. Toda la instrucción recibida en la corte y la cultura egipcia adquirida le permitirán liderar la liberación del pueblo, y su vida en el desierto le permitirá vivir en él.

2 - Dios puede así convertir lo malo en bueno. Dios puede convertir nuestros lamentos en baile (Salmo 30:11-12).

3 - Como hombre, Moisés cometió también errores. Por ejemplo, cuando olvidó que dependía de Dios, cuando creyó que sus golpes sobre la piedra arrojarían el agua. Creer en sus propios méritos lo inhabilitó para entrar a la tierra prometida. Vemos así que los "grandes" también caen y recordamos a Pablo cuando dice que "el que cree estar firme, cuidado que no caiga". (Números 20:8 y Deuteronomio 32:51)

No obstante este castigo (¡No entrarás en la tierra!) no alteró su fidelidad hacia su Señor. Obedeció el mandato divino sin rebelarse. Todo un ejemplo de obediencia y sumisión a la voluntad de Dios.

Bibliografía consultada:

✓ Comentario Bíblico de Matthew Henry
✓ La Biblia de Thompson
✓ *La fe cristiana frente a los desafíos contemporáneos*, John Stott, Nueva Creación, 1991.
✓ *Problemas del liderazgo cristiano*, John Stott.

✓ *Liderazgo y servicio*, Chau Wee Hian, Andamio IV, Barcelona, 1933

✓ *Líderes y siervos*, John white, Editorial Certeza, Buenos Aires, 2003

✓ El *libro de las virtudes*, William Bennett, Vergara editores, año 1995, ArgentiNa, página 353 y siguientes.

✓ *Cuidado tu corazón*, Ricardo Barboso de Sousa, Ediciones Kairós, Buenos Aires. 2005

✓ *La misión cristiana hoy*, John Stott, Editorial Certeza, Buenos Aires, 1990

Para conectarnos con los lectores:

Nos gustaría saber quienes usaron este material, dónde y con qué resultados.
Nos pueden escribir a:

Carlos Peirone
Hipólito Irigoyen 623
(2550) Bell Ville
Córdoba - Argentina
Tel.: 03534 - 422184
E-mail:
carlospeirone2002@yahoo.com.ar

Cómo utilizar este cuaderno

Estos cuadernos son *guías de estudio*, es decir, su propósito es guiarle a usted para que haga su propio estudio del tema o libro de la Biblia que desarrolla este material.

El cuaderno propone un diálogo. En él introducimos el tema, sugerimos cómo proceder con la investigación, comentamos, pero también preguntamos. Los espacios después de las preguntas son para que usted anote su respuesta a ellas.

Esperamos que, por medio del diálogo, le ayudemos a forjar su propia comprensión del tema. No de segunda mano, como cuando se escucha un sermón, sino como fruto de su propia lectura y investigación.

¿Cómo hacer el estudio?

1 - Antes de comenzar, ore. Pida ayuda a Dios que le hAble y le dé comprensión durante su estudio.

2 - Se deben leer los pasajes bíblicos más de una vez y preguntarse: ¿Qué dice el autor? Aunque muchos utilizan la versión Reina-Valera de la Biblia, conviene tener otra versión o versiones disponibles para comparar los pasajes entre las dos. La "Versión popular" y la "Nueva versión internacional" le pueden ayudar a ver el pasaje con más claridad.

3 - Siga con la lectura de la lección. Responda lo mejor que pueda a las preguntas.

4 - Evite la tendencia de "apurarse para terminar". Es mejor avanzar lentamente, pensando, preguntando, aclarando.

En grupo

El estudio personal es de mucho valor pero se multiplican los beneficios si lo acompaña con el estudio en grupo. Un grupo de hasta 8 personas es lo ideal. Pero, puede ser que por diferentes motivos el grupo esté formado por usted y una persona más, aun así, es mejor que estudiar solo.

En realidad, estos cuadernos han sido diseñados con ese motivo: estimular el estudio en células, en grupos pequeños.

La manera de hacerlo es fácil:

1 - **Usted hace en forma personal una de las lecciones del cuaderno**. Aun cuando pueda haber cosas que no entienda bien, haga el mayor esfuerzo posible para completar la lección.

2 - **Luego se reune con su grupo**. En el grupo comparten entre todos las respuestas de cada pregunta. Puede ser que no tengan las mismas respuestas, pero comparando entre todos las van aclarando y corrigiendo.

Es durante este compartir semanal de una hora y media, este diálogo entre todos, donde se encuentra la verdadera riqueza y que nos provée esta forma de estudio.

3 - **Evite salirse del tema**. El tiempo es oro, y lo más importante es enfocar todo el esfuerzo del grupo en el tema de la lección. Luego, pueden dedicar tiempo para conocerse más y tener un rato social.

4 - **PartiCipe**. Todos deben participar. La riqueza del trabajo en grupo es justamente eso.

5 - **Escuche**. Hay una tendencia de apurar nuestras propias opiniones sin permitir que el otro termine. Vamos a aprender de cada uno, aun de los que, según nuestra opinión, están equivocados.

6 - **No domine la discusión**. Puede ser que usted tenga todas las respuestas correctas, sin embargo es importante dar lugar a todos, y estimular a los tímidos a participar. No se trata de sobresalir, sino de compartir aprendiendo juntos.

Si en el grupo no hay una persona con experienca en coordinarlo, se puede encontrar ayuda para dirigir un grupo en:

1 - Nuestra página web, www.edicionescc.com. La sección "Capacitación" ofrece una explicación breve del método de estudio.

2 - En las últimas páginas de nuestro catálogo se ofrece también una orientación.

3 - El cuaderno titulado "Células y otros grupos pequeños" es un curso de capacitación para los que desean aprender cómo coordinar un grupo.

4 - Hay algunas guías que disponen de un cuaderno de sugerencias para el coordinador del grupo.

Finalmente diremos que las guias no contienen respuestas a las preguntas ya que el cuaderno es exactamente eso, una guia, una ayuda para estimular su propio pensamiento, no un comentario ni un sermón. Le marcamos el camino, pero usted lo tiene que seguir.

Que el Señor lo acompañe en esta tarea y si necesita ayuda, comuníquese con nosotros. Estamos para servirle.